ENJOYING WITH TANDEM

GLOBAL CULTURAL COMMUNICATION

Tandem으로 즐기는

글로벌 문화 커뮤니케이션

이길연·윤지원·이명애·셀익잔 공저

신아사

머리말

21세기의 한국은 사회뿐만 아니라 대학 캠퍼스도 다문화, 국제화라는 용어가 낯설지 않다. 대학에서 다양한 국적의 외국인 유학생과 외국인 교수를 접할 수 있는 기회는 이제 일상이 되었다. 그러나 진정한 다문화 사회가 되기 위해서는 문화적 다양성을 존중하고 이해하고 포용할 수 있어야 한다.

이러한 시대적 변화와 아젠다를 고려하였을 때, 캠퍼스의 진정한 다문화를 추구하기 위해서는 1차적으로 수업 환경의 변화가 뒤따라야 할 것이다. 대학 내 외국인 숫자가 많다고 하더라도 이들이 실제 한국인과 소통하거나 친해지는 일은 쉽지 않으므로 외국인 학생과 한국인 학생이 서로 소통하고 협업할 수 있는 환경을 만들고, 글로벌 문화 간 커뮤니케이션이 가능하도록 장을 열어 줄 필요가 있다. 이러한 작업의 첫 단계로 Tandem 학습 기반 수업을 통해 이론적 지식 습득이 아니라 글로벌 시대에서 요구하는 글로벌 인성과 리더십을 갖추고, 의사소통함으로써 올바른 국제화 역량을 함양할 수 있도록 한다.

이 책은 대학 교양 교육에서 외국인 유학생과 한국인 학생의 글로벌 협업을 통해 문화 간 커뮤니케이션 능력 함양 및 문화의 다양성과 차이에 대한 이해를 돕는 데 목적을 두고 집필되었다. 전공과 상관없이 이문화와 소통에 관심이 있다면 누구나 쉽게 접근할 수 있는 주제로 본 교재를 구성하였다.

책의 구성은 1단원부터 8단원까지 현대 한국 사회를 잘 나타낼 수 있는 주제를 선정하여 학습 파트너와 함께 생각하고 말하고 쓰는 과정을 통해 서로 상대방의 문화를 배우고 이해하고 포용하는 탐색단계로 설정하였고 9단원부터 12단원까지는 파트너와 함께 자기주도적으로 공통 관심사를 설정하여 자유롭게 소통할 수 있도록 구성하였다.

이 책을 쓰는 동안 여러 가지로 도움을 주신 창신대학교 카리스교양대학 김혜윤 학장님과 신아사 관계자분들께 진심으로 감사의 인사를 전한다. 모쪼록 이 책을 접하는 모든 이들이 더 넓은 눈으로 더 넓은 세상을 바라볼 수 있는 진정한 글로벌 리더가 될 수 있기를 희망한다.

2021년 8월의 끝자락에서

집필자 일동

목차

단원 구성

단원	주제	학습목표
1	너와나, 학교	자기소개를 통해 나를 알리고, 친구에 대해 알 수 있다. 우리 대학교 관련 이야기를 듣고 소속감을 부여할 수 있다.
2	대학문화	수강신청, MT, 동아리, 비교과, 시험, 대학축제 등 한국 대학 생활과 다른 나라 대학 생활 관련하여 이야기할 수 있고 그 차이를 알아보고 이해할 수 있다.
3	생활문화	주거, 교통, 쇼핑 등 다양한 한국 생활문화와 다른 나라 생활문화에 대해 알아보고 차이를 이해하고 이야기할 수 있다.
4	음식문화	나라의 대표 음식, 좋아하는 음식, 명절이나 특별한 날에 먹는 음식 등에 관한 이야기를 할 수 있고 한국과 다른 나라의 음식문화 차이를 알아보고 이해할 수 있다.
5	언어문화	한국어의 특징, 속담, 신조어, 재미있는 말, 어려운 말, 예쁜 말 등에 관한 이야기를 할 수 있고 다른 나라 언어에서 비슷한 표현을 알아보고 언어문화의 차이를 이해할 수 있다.
6	대중문화	한국 음악, 영화, 드라마 등 한류에 관한 이야기를 할 수 있고 다른 나라 대중문화를 알아보고 그 차이를 이해할 수 있다.
7	여가문화	여가 시간, 주말에 하는 일, 아르바이트 등에 관한 이야기를 할 수 있고 한국과 다른 나라의 여가 문화를 비교하여 그 차이를 이해할 수 있다.
8	직업문화	한국의 직업, 유망직업, 희망 직업 등에 관한 이야기를 할 수 있고 다른 나라의 직업문화를 알아보고 그 차이를 이해할 수 있다.
9~12	자유주제	친구와 함께 주제를 정하고 활동함으로써 문제 해결 능력 및 상호 문화 이해 능력을 키울 수 있다.

Tandem으로 즐기는

글로벌 문화 커뮤니케이션

ENJOYING WITH TANDEM

GLOBAL CULTURAL COMMUNICATION

Chapter 1 너와 나

학 습 목 표

자기소개를 통해 나를 알리고, 친구에 대해 알 수 있다.
우리 대학교 관련 이야기를 듣고 소속감을 부여할 수 있다.

생각하며 말하기

1. 친구들에게 나를 알리기

✏ 알리고 싶은 내용 말해 보기

기본사항(이름, 나이, 사는 곳)	지금까지 삶에서 가장 기억에 남는 일
좋아하는 일과 그 이유	**싫어하는 일과 그 이유**

고치고 싶은 버릇	가장 감동적으로 읽은 책 또는 본 영화

자랑하고 싶은 나의 장점	고쳐야 할 나의 단점

현재 나의 고민들	해 보고 싶은 일
(　　)	(　　)

2. 우리 학교 알기

✐ 우리 학교는 어떤 학교입니까? 학교 홈페이지나 학교 홍보 영상을 통해 다음 사항을 알아봅시다.

1) 우리 학교의 설립 배경, 교육 목적 등

2) 우리 학교의 중요한 역사 3가지

3) 우리 학교의 인재상

4) 우리 학교의 키워드

5) 우리 학교의 자랑 세 가지(명물, 주요 인물, 명소 등)

3. 우리 대학 학사제도와 친해지기

1) 전공교육과정 교과목

2) 교양교육과정 교과목

3) 비교과 프로그램

4) 알아둬야 할 규칙, 또는 제도

5) 꼭 알아둬야 할 곳

생각하며 쓰기

1. 우리 대학교를 왜 선택했습니까? 대학교를 선택한 이유에 대해 써 보세요.

✐ 내가 원하는 전공이 있어서, 장학금 등의 혜택이 좋아서, 집에서 가까워서, 성적을 고려하여 등의 이유를 들 수 있음.

2. 대학생활에서 가장 하고 싶은 것은 무엇입니까? 그 이유는 무엇입니까?

✐ 가장 하고 싶은 것을 한 가지만 꼽으라면?

1) 친구와 여행하기 2) 이성교제 3) 동아리활동 4) 교양 습득 5) 취업 준비
6) 봉사활동 7) 전공 공부 8) 아르바이트 9) 사회문제 참여
10) 그 외( )

★ 오늘 수업 한 줄 소감 ★

Chapter 2 대학 문화

학 습 목 표

수강신청, MT, 동아리, 비교과, 시험, 대학축제 등 한국 대학 생활과 다른 나라 대학 생활 관련하여 이야기할 수 있고 그 차이를 알아보고 이해할 수 있다.

생각하며 말하기

1. 새내기 대학생활

새내기, 대학 신입생을 부르는 말로 새내기들은 대학생이 되면서 여러 가지 행사를 하게 된다.

우선, 입학 전 또는 입학과 동시에 학과별 신입생 오리엔테이션을 실시한다. 오티(OT)라고 부르는 이 행사는 신입생과 선배들이 처음으로 만나는 자리이다. 새내기들이 대학에 적응할 수 있도록 돕는 행사이다. 이후 입학을 하고 나서 선배들과 대면식을 갖기도 한다. 동아리에 가입한다면 신입생 환영회를 해 주기도 한다.

4월이 되면 대학생활의 꽃이라고 부르는 엠티(MT: Membership Traning)를 간다. 대학의 공동체 의식을 다지게 되는 이 행사를 통해 선배들과 더욱 가까워지고 학과의 소속감도 느끼게 된다. 예전에는 술을 마시는 음주 문화를 많이 즐겼으나 요즘은 술을 마시는 대신 운동경기나 게임, 장기자랑 등을 하는 시간을 갖는 경우가 많다. 구성원들끼리 짧게 떠나는 여행으로 서로 돈독해지는 자리가 되기 때문에 대학생활에서 빼 놓을 수 없는 행사라고 할 수 있다.

4월 중순에는 중간 시험이 기다리고 있다. 처음 보는 대학의 시험 형태에 걱정이 되기도 하지만, 친구들과 같이 모여서 공부하고 선배들의 도움도 받으며 무사히 중간 시험을 치룬다. 그리고 5월이 되면 단과대학별 체육대회와 축제가 기다리고 있다.

이렇게 대학생활은 즐길 기회가 많다. 하지만 이런 생활 속에서 실속을 챙기려면 나름대로의 요령이 필요하다. 대학교는 정해진 등하교 시간도 없고, 정해진 수업 시간도 없다. 대학생활의 성패는 내가 나의 시간을 어떻게 보내느냐에 따라 결정되는 것이다. 그러므로 새내기들은 알차고 의미 있는 대학 생활을 보내기 위한 자신만의 계획을 세우는 것이 무엇보다 가장 중요한 일이다.

✎ 대학생이 되고 나서 달라진 점은 무엇입니까?

✏ 참여해 보고 싶은 대학 행사가 있습니니까? 그 이유는 무엇입니까?

대학시설 알아보기

중앙도서관은 대학의 교육과 연구를 효율적으로 지원하기 위하여 다양하고 새로운 도서와 각종 국내외 학술잡지, 저자 책 등 교수와 학생들의 연구 및 학습을 지원하는 학문의 요람이다. 또한 이용자들이 원활하게 정보를 검색하고 다양한 매체에 쉽게 접근할 수 있도록 하며 시스템 협력체계도 구축하고 있다.

사회봉사센터에서는 사회봉사 활동을 전담하여 운영하고 있고, 취창업지원센터에서는 진로설정과 경력관리, 직업선택, 취업 및 창업지원과 다양한 프로그램을 운영하고 있다.

국제교류원은 교환학생, 어학연수, 글로벌 버디 등 프로그램을 운영하고 있으며, 교수학습지원센터에서는 교수-학습에 관한 연구개발과 더불어 교수-학습, 이러닝 지원 서비스, 교육성과 등 교수-학습 전반이 체계적으로 운영될 수 있도록 지원하고 있다. 이 밖에 진로심리상담센터, 성폭력예방센터, 장애학생지원센터 등 시설이 있다.

✏ 학교에서 이용해 본 시설이 있습니까?

✏ 학교 시설을 이용하면서 좋았던 점과 불편한 점은 무엇입니까?

2. 대학생활의 주요일정

✐ 다음 단어의 의미를 알고, 관련 경험이 있으면 이야기해 봅시다.

수강신청, MT, 동아리, 비교과 프로그램, 시험, 대학축제, 복수전공, 튜터링

✐ 각 나라의 대학생활 문화의 같은 점, 다른 점에 대해 이야기해 봅시다.

수강신청		MT	
한국	다른 나라	한국	다른 나라

동아리		비교과 프로그램	
한국	다른 나라	한국	다른 나라

시험		대학축제	
한국	다른 나라	한국	다른 나라

복수전공		튜터링	
한국	다른 나라	한국	다른 나라

생각하며 쓰기

1. 지금 동아리 활동을 하고 있습니까? 어떤 동아리입니까? 동아리 활동을 하지 않는다면 만들고 싶은 동아리가 있습니까? 어떤 동아리입니까? 그 이유는 무엇입니까?

2. 대학생활에서 가장 중요한 것은 무엇이라고 생각합니까? 아직 대학에 오지 않은 후배들에게 대학생활에 대한 이야기를 해 준다면 어떤 이야기를 해 주고 싶습니까? '후배들에게 들려주고 싶은 대학생활'에 대해 써 보세요.

★ 오늘 수업 한 줄 소감 ★

Chapter 3 생활 문화

학습목표

주거, 교통, 쇼핑 등 다양한 한국 생활문화와 다른 나라 생활문화에 대해 알아보고 차이를 이해하고 이야기할 수 있다.

생각하며 말하기

1. 어떤 집에서 살고 싶어요?

요즘 한국에서 짓고 있는 아파트나 빌라, 주택 대부분이 남향을 끼고 있다. 한국 사람들은 하루 종일 햇살이 잘 드는 남향집을 선호하기 때문이다.

하지만, 풍수적으로는 집 뒤에 산이 있고 집 앞에 물이 흐르면 좋다고 한다.

옛날 사람들은 자연과 조화를 이루고 살았다. 흙, 돌, 나무와 같은 자연물을 재료로 쓰고, 더운 여름과 추운 겨울을 생각해서 집의 구조를 정했다.

예를 들면, 볏짚으로 지붕을 만든 초가집, 눈과 비에 강한 기와를 덮어서 만든 기와집, 나무가 많은 산골에서 우물 정자 모양으로 쌓아 올려서 만든 귀틀집, 나무판으로 지붕을 덮어 만든 너와집, 눈과 바람을 막아주도록 만든 투막집 등이 있었다. 투막집은 울릉도에서 자주 볼 수 있다.

초가집

기와집

너와집

귀틀집

투막집

전라북도 전주시에 한옥마을이 있다. 700여 채의 한옥이 군락을 이루고 있는 국내 최대 규모의 전통 한옥마을이자, 유일하게 도심 속에 위치해 있는 한옥 군이다.

한옥, 한식, 한지, 한소리, 한복, 한방 등 모두 집결되어 있어서 한국을 체험할 수 있는 최고의 여행지로 꼽힌다.

특히 한옥의 마루는 더위에 좋고, 온돌은 추위에 좋아서, 여름·겨울 체험하려는 손님들이 많다고 한다.

전주 한옥 마을

✐ 온돌방은 어떻게 만들어졌어요?

✐ 옛날에는 어떤 종류에 집이 있었을까요?

✐ 여러 분은 어떤 집에서 살고 싶어요? 친구와 같이 얘기해 봅시다.

• 제주도 가옥

제주도는 바람, 비가 많은 것이 특징이다. 따라서 집은 낮고, 가옥의 벽면을 돌벽으로 쌓고, 지붕은 띠로 덮은 후 동아줄로 얽어맨다.

제주도는 기후가 따뜻하므로 온돌을 시설하지 않고 부뚜막 없이 솥을 따로 내걸어 음식을 만든다.

따라서 제주도의 집은 육지의 집과 다른 점이 많다. 배치가 독특하고 특이한 내용도 있다.

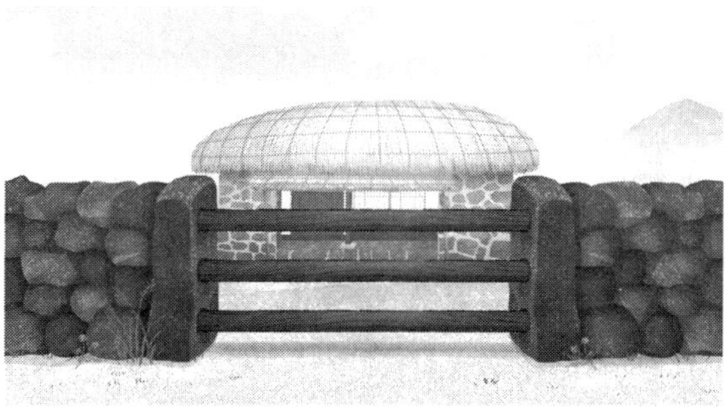

✐ 제주도 집은 대문은 없습니다. 대신 나무기둥이 가로로 놓여져 있습니다.
나무 기둥에는 무슨 의미가 있을까요?

2. 한국 교통수단

한국에는 버스, 철도, 택시, 항공, 항만(배), 지하철, 자동차 등이 있다.

- 버스

시내버스는 도시의 내부를 운행하는 버스로, 일반버스, 좌석버스, 마을버스가 있다.
시외버스는 둘 이상의 지역을 연결하는 정기 노선 버스 (서울 제외)
고속버스는 일반버스, 우등버스, 심야버스가 있다. (서울)
단체로 여행을 가거나 이동할 때 타는 관광버스도 있다.

시내버스

지하철

시외버스

- 기차와 택시

기차에는 KTX(고속철도), ITX-새마을, 무궁화호, 통근열차가 있다.
2004년부터 생긴 KTX의 최대시속은 330km이다.

택시는 일반택시와 모범택시, 회사택시와 개인택시가 있다.
택시 기본요금은 서울, 경기, 인천, 전북 제외하고는 똑같다. 심야에 택시를 이용할 때에는 할증료가 붙는다.

KTX

택시

✐ 한국에서 생활하면서 주로 무슨 교통수단을 이용하십니까?

• 항공과 항만

한국에는 대표적인 항공회사로 대한항공과 아시아나가 있다. 국내에는 8개의 국제공항과 7개의 국내공항이 있다. 그 중 인천국제공항은 대한민국 최대 규모의 공항으로 대한민국 국제선의 약 77%가 이곳을 통해 운항된다.

항만으로는 크게 인천항, 울산항, 포항항, 부산항이 있다.

마산에는 마산항이 있다. 1899년 개항된 이래, 1970년대 항만 일부가 수출자유지역으로 지정됨에 따라 국제무역항으로 꾸준히 성장해 왔다. 이 중 제1부두는 마산 가고파 국화축제의 장으로 공원화되었고, 제2부두에는 마산여객선터미널이 있다. 마산항의 물동량이 증가될 것으로 예측하고 컨테이너 전용부두인 가포 신항을 만들었지만, 부산 신항 때문에 제 기능을 못하고 잡화 부두로 용도가 변경되었다.

제2부두에 위치한 여객선터미널은 돝섬유람선터미널로 이름이 불리고 있다. 정기 여객 노선으로 마산항-돝섬 노선이 있다.

✐ 한국에서 배를 타 본 적이 있습니까?

• 지하철과 자동차

지하철은 서울을 비롯해서 수도권 지역, 대구, 부산, 대전, 광주에 있다. 마산에는 지하철이 없다. 지하철을 타보고 싶다면 가까운 부산으로 놀러 가면 된다. 지하철을 타고 해운대, 광안리 바다 구경도 할 수 있고 쇼핑도 다닐 수 있다.

한국에는 현대, 기아, 르노삼성, 쌍용, 쉐보레 등의 자동차 회사가 있다. 현대차는 한국의 국민차로 불릴 정도로 선호도가 높다. 따라서 택시로 현대, 기아차가 많다.

✐ 파트너 나라에 한국 차들이 있습니까? 있다면 무슨 종류의 차들이 있습니까?

3. 쇼핑

유학생이 일상생활에 필요한 물건을 사기 위해 가장 많이 이용하는 곳은 '다이소'이다. 다이소는 마산시외버스터미널 옆에 있다. 거의 모든 필수품을 여기에서 살 수 있고, 가격이 저렴하다는 것이 가장 큰 장점이다. 예를 들어, 그릇, 수저, 젓가락, 세제, 화장지, 비누, 화장품 등 생활에 필요한 물건들을 마트보다 저렴한 가격에 구입할 수 있다. 학용품이나 정리물품도 이곳에서 구입한다. 가장 중요한 사실은 가격이 싸기 때문에 학생들이 이용하기에 매우 적합하다는 것이다.

다이소에서 나오면 바로 앞에 합성동 지하상가가 있다. 옷, 신발, 화장품 등을 많이 판다. 가게가 많기 때문에 구경하면서 쇼핑할 수 있다.

채소 등의 음식물은 시장이나 마트를 이용한다. 학교에서 가장 가까운 마트는 365 할인마트이다. 과일이나 채소, 고기 등을 살 수 있으며 다른 가게보다 과일이 정말 맛있다. 고향의 음식을 만들고 싶을 때에는 팔용동에 아시아마트를 이용하면 된다.

특히 옷이나 신발은 뉴코아 아울렛이나 롯데아울렛을 애용한다. 가끔 백화점 쇼핑을 하는 경우도 있다. 가끔, 인터넷 쇼핑을 하는 친구들도 있다.

✐ 유학생들은 주로 어디에서 쇼핑하나요? 그곳을 자주 이용하는 이유는 무엇인가요?

✐ 쇼핑하면서 겪은 재미있는 일이나 황당한 일이 있습니까? 친구들에게 이야기해 주세요.

생각하며 쓰기

✐ 다음 그림은 제주도의 대문이다. 그림을 보고 무엇을 의미하는지 적어보세요.

✐ 창원에서 서울까지 가려고 해요. 서울로 가는 방법은 뭐가 있어요?

(　　　　　)에서 (　　　　　)까지		
교통수단	요 금	걸리는 시간

✐ 파트너 나라의 대중교통 수단은 어떤 것들이 있는지 적어보세요.

★ 오늘 수업 한 줄 소감 ★

Chapter 4 음식 문화

학습목표

나라의 대표 음식, 좋아하는 음식, 명절이나 특별한 날에 먹는 음식 등에 관한 이야기를 할 수 있고 한국과 다른 나라의 음식문화 차이를 알아보고 이해할 수 있다.

생각하며 말하기

1. 좋아하는 한국 음식 소개하기

✐ 한국 음식을 좋아합니까? 어떤 음식을 가장 좋아합니까? 그 이유는 무엇입니까? 친구들에게 소개해 주세요.

✐ 자주 가는 식당이 있습니까? '나만의 맛집'을 친구들에게 소개해 주세요.

2. 한국 음식과 고향 음식 나누기

✐ 여러분 나라에는 한국 음식과 비슷한 음식이 있습니까? 재료, 조리법 등 어떤 점이 비슷합니까? 또 어떤 점이 다릅니까?

✐ 한국의 전통 음식과 여러분 나라의 전통 음식 중 하나를 선택하여 공통점과 차이점에 대해 이야기해 보세요.

특별한 날에 먹는 한국 음식

■ 설날 — 떡국

떡국은 1월 1일 설날에 빠질 수 없는 중요한 음식이다. 떡국을 먹으면 나이 한 살을 더 먹는다고 하였다. 진짜 이유는 무엇일까? 떡국에 들어가는 가래떡은 하얗고 길어서 장수와 순수를 상징한다. 그리고 긴 가래떡을 썰어놓은 떡은 엽전 모양과 비슷하여 떡국을 먹으면서 부유해지기를 바랐다고 한다. 이러한 이유 때문에 우리의 선조들은 새해에 떡국을 먹었다.

■ 추석 — 송편

'더도 말고 덜도 말고 한가위 추석 같아라' 추석에는 무슨 음식을 먹을까? 설날에 떡국이 있다면 8월 15일 추석에는 온 가족이 모여 앉아 빚어 먹는 송편이 있다. 송편은 지역에 따라 속재료, 모양이 조금씩 다른 편이다. 또한 송편은 달 모양의 변화를 나타내기 위해, 동그란 정월대보름의 모양에 속재료를 넣고 반으로 접어 반달 모양으로 만든다. 이러한 반달 모양에는 하루하루를 조금씩 채워간다는 의미도 있고 반달이 점점 커져서 보름달이 되는 것처럼 더욱 풍성한 수확을 할 수 있기를 바라는 의미도 담겨 있다고 한다.

■ 동지 — 팥죽

12월 22일은 바로 1년 중 낮이 가장 짧고 밤이 긴 동지이다. 동지는 밤이 길기 때문에 잡귀가 가득하다고 하여 동짓날에는 여러 귀신을 쫓고 전염병을 예방하기 위해 팥죽을 먹는다. 붉은색의 팥이 액운을 막아준다고 여겼기 때문이다. 또한 동짓날 팥죽을 쑤어 먹기에 앞서 대문이나 장독대에 뿌리면 귀신을 쫓고 재앙을 면할 수 있다고 여겼다. 이사하거나 새 집을 지었을 때에도 팥죽을 쑤어 집 안팎에 뿌리고, 이웃과 나누어 먹는 풍습이 있는데, 이는 팥의 붉은색이 귀신을 쫓는다는 생각에서 비롯된 것이다.

✎ 이 외에도 특별한 날에 먹는 한국 음식을 알고 있습니까? 그것은 무엇입니까?

✎ 여러분 나라에서는 특별한 날에 어떤 음식을 먹습니까? 친구들에게 소개해 주세요.

한국의 보양식, 삼계탕

삼계탕은 영계의 뱃속에 인삼, 찹쌀, 마늘, 대추를 넣고 푹 고아 만드는 탕으로 인삼(삼, 蔘)과 닭(계, 鷄)이 합쳐진 말이다. 한국인에게 삼계탕은 계절 상관없이 사시사철 즐겨 먹는 음식으로 특히 여름 보양식으로 삼계탕을 찾는 사람들이 많다. 언제부터 삼계탕을 먹었는지 정확하지는 않지만, 고려 시대 때 원기 회복 음식으로 먹었다는 기록이 남아 있다. '열로써 열을 다스린다'는 '이열치열(以熱治熱)' 동양의학 사상에 따라 자연에 열기가 많고 몸도 더워 땀이 날 때 뜨거운 기운을 가진 닭과 인삼을 넣은 삼계탕을 먹으면 더위를 물리칠 수 있다고 믿었기 때문이다. 실제 여름철에는 더운 날씨로 인해 땀을 많이 흘리게 되고 더위를 식히기 위해 찬 음식을 많이 먹는다. 이때 뜨거운 기운의 삼계탕을 먹으면 냉한 속을 따뜻하게 데워줌으로써 몸의 기운을 보충하는 것이다. 또, 단백질과 필수아미노산이 풍부한 닭과 만병통치약이라 불리는 인삼이 주재료로 어울려 완성된 삼계탕은 맛이 담백하고 소화 흡수도 잘된다.

✐ 삼계탕을 먹어본 적이 있나요? 맛이 어땠어요?

✐ 삼계탕은 주로 언제 먹나요? 삼계탕의 재료와 만드는 과정을 찾아서 적어보세요.

✐ 한국은 사계절이 뚜렷한 나라로 계절에 따라 먹는 보양식이 다릅니다. 각 계절마다 어떤 음식을 먹는지 찾아보세요.

봄		여름	
가을		겨울	

✐ 땀을 많이 흘려 기운이 없을 때, 면역력이 떨어지기 쉬운 환절기, 병후 몸이 쇠약해졌을 때 기운을 보충하기 위해 먹는 음식을 보양식이라고 합니다. 여러분의 나라에서는 건강을 위해 먹는 음식이 있습니까? 어떤 음식을 먹습니까? 대표 보양식을 소개해 주세요.

생각하며 쓰기

1. 한국의 식사 예절에 대해 알고 있습니까? 어떤 것을 지켜야 합니까? 알고 있는 한국의 식사 예절을 적어보세요.

2. 다른 나라의 식사 예절을 찾아서 적어보세요.

3. 한국과 여러분 나라의 식사 예절 중 다른 것이 있습니까? 어떻게 다릅니까?

4. 한국과 여러분 나라의 식사예절을 비교하는 글을 써 보세요.

★ 오늘 수업 한 줄 소감 ★

Chapter 5 언어 문화

학습목표

한국어의 특징, 속담, 신조어, 재미있는 말, 어려운 말, 예쁜 말 등에 관한 이야기를 할 수 있고 다른 나라 언어에서 비슷한 표현을 알아보고 언어문화의 차이를 이해할 수 있다.

생각하며 말하기

1. 한국 속담

1	가는 말이 고와야 오는 말이 곱다.
2	간에 기별도 안 간다.
3	가는 날이 장날이다.
4	값싼 것이 비지떡
5	같은 값이면 다홍치마
6	낮말은 새가 듣고 밤말은 쥐가 듣는다.
7	남의 떡이 커 보인다.
8	누워서 침 뱉기
9	도둑이 제 발 저리다.
10	등잔 밑이 어둡다.
11	말 한 마디에 천 냥 빚도 갚는다.
12	믿는 도끼에 발등 찍힌다.
13	밑 빠진 독에 물 붓기
14	바늘 도둑이 소도둑 된다.
15	발 없는 말이 천 리 간다.
16	서당 개 삼 년에 풍월을 읊는다.
17	세 살 버릇 여든까지 간다.
18	서당 개 삼 년이면 풍월을 읊는다.
19	식은 죽 먹기
20	제 눈에 안경

✐ 위의 속담의 의미를 알고 있습니까? 친구에게 설명해 봅시다.

✐ 속담을 활용하여 문장을 만들어 봅시다.

2. 관용표현

✐ 한국 사람들이 자주 사용하는 관용표현을 알고 있습니까? 그 의미를 찾아서 써 보세요.

단어		의미
눈	눈을 감다	
	눈을 붙이다	
코	코가 높다	
	코가 납작해지다	
입	입을 모으다	
	입에 풀칠하다	
귀	귀가 얇다	
	귀가 가렵다	
손	손이 크다	
	손길을 뻗치다	
어깨	어깨가 무겁다	
	어깨가 올라가다	
발	발이 넓다	
	발을 빼다	

3. 신조어

✏ 다음 단어의 뜻이 무엇인지 생각해 봅시다

	단어	의미
1	만반잘부	
2	머선129	
3	오저치고	
4	완내스	
5	비담	
6	일코노미	
7	스라밸	
8	롬곡	
9	에어노마드족	
10	안벙	
11	쫌쫌따리	
12	꾸안꾸	
13	졌잘싸	
14	멍청비용	
15	별다줄	

✏ 이 외에 더 알고 있는 신조어가 있습니까 친구와 같이 이야기해 보세요.

4. 한국어에는 의성어와 의태어가 아주 많은데 다른 나라는 어떤가요?

예를 들면, 뛰는 모습을 나타내는 깡충깡충, 껑충껑충, 비가 내리는 소리나 모양을 나타내는 주룩주룩 등이 있습니다. 다른 나라 언어에도 소리나 모양을 나타내는 표현들이 있나요? 유형별로 찾아서 친구와 함께 이야기해 봅시다.

✐ 의성어, 의태어 비교하기

유형	한국	모국
소리를 나타내는 의성어		
모양이나 움직임을 나타내는 의태어		

5. 한국어 중 가장 예쁜 말은 무엇입니까? 그 이유는 무엇입니까? 친구와 같이 이야기해 보세요.

	예쁜 말	이유
나		
친구		

6. 한국어 중 가장 어려운 말은 무엇입니까? 그 이유는 무엇입니까? 친구와 같이 이야기해 보세요.

	어려운 말	이유
나		
친구		

7. 좋아하는 한국어 단어나 문장이 있습니까? 그 이유는 무엇입니까? 친구들에게 이야기해 봅시다.

생각하며 쓰기

1. 앞에서 배운 속담과 관용표현 중 3개를 골라 대화나 문장을 만들어 봅시다.

2. 여러분 나라에도 이와 비슷한 의미의 말이 있습니까? 무엇입니까?

3. 비슷한 의미의 한국 속담과 다른 나라 속담 하나를 선정하여 그 차이를 비교해 봅시다.

4. 속담과 문화는 어떤 관계가 있습니까? 여러분의 생각을 써 봅시다.

5. 한국어 때문에 실수한 적이 있거나 곤란했던 적이 있습니까? 그 경험에 대해 써 봅시다.

★ 오늘 수업 한 줄 소감 ★

Chapter 6 대중 문화

학 습 목 표

한국 음악, 영화, 드라마 등 한류에 관한 이야기를 할 수 있고 다른 나라 대중문화를 알아보고 그 차이를 이해할 수 있다.

생각하며 말하기

1. K-문화
친구와 함께 이야기해 봅시다.

✏ 좋아하는 한국 배우가 있습니까? 그 이유는 무엇입니까?

✏ 좋아하는 한국 음악, 가수가 있습니까? 좋아하는 이유는 무엇입니까?

✏ 좋아하는 한국 배우가 있습니까? 그 이유는 무엇입니까?

✏ 좋아하는 한국 영화가 있습니까? 그 이유는 무엇입니까?

✏ 좋아하는 한국 TV프로그램이 있습니까? 그 이유는 무엇입니까?

2. 한국 드라마

한국 드라마를 좋아하세요?

한국 드라마를 좋아하는 팬들이 북미, 유럽, 아시아, 아프리카까지 전 세계적으로 분포하고 있다. 그들은 왜 이렇게 한국 드라마를 좋아하는 것일까? 외국인들이 공통적으로 이야기하는 한국 드라마의 장점은 다음과 같다.

첫째, 드라마의 주제가 다양하다. 한국 드라마는 로맨스, 코미디, 액션, 미스터리, 역사극 등 다양한 분야의 풍부한 작품이 있다. 또한, 뻔하지 않은 신선함도 한국 드라마의 장점이다.

둘째, 드라마 주인공 배우들이 매력적이다. 한국 드라마를 보면 드라마 속 배우에게 빠지게 된다. 얼굴과 몸만 멋진 것이 아니라, 연기 실력도 100점이다.

셋째, 드라마 배경으로 나오는 한국의 문화가 매력적이다. 폭력적이지 않고 가족적인 이야기가 많아서 가족이 같이 보기에 좋다.

넷째, 풍부한 감정을 담고 있다. 사랑, 정, 기쁨, 분노 등 인간의 희로애락(喜怒哀樂) 감정을 절절하게 담고 있는 작품이 많아 감정적으로 몰입해서 보게 된다.

다섯째, 드라마의 길이가 적당하다. 한국 드라마는 보통 16~20편 정도면 끝난다. 인기가 있으면 끝도 없이 이어지는 미국 드라마와 다르다.

여섯째, OST가 좋다. 드라마의 스토리와 잘 맞는 멋진 노래들이 많아 드라마를 다 보고도 OST를 듣는 사람들이 매우 많다.

일곱째, 촬영 기술이 뛰어나다. 한국 드라마를 보고 있으면 멋진 장면이 너무 많이 나와서 영화를 보는 것 같은 생각이 든다.

여덟째, ____________________

✐ 한국 드라마를 좋아하는 이유는 또 어떤 것이 있을까요? 마지막 문장을 써 보세요.

3. 여러분은 한국 드라마를 좋아하세요? 기억에 남는 한국 드라마가 있나요?

드라마 제목

✏ 그 드라마의 특징은 무엇인가요?

- 독특한 소재와 주제 ☐
- 감동적인 대사 ☐
- 주인공의 뛰어난 연기력 ☐
- ost ☐
- 좋아하는 배우 출연 ☐
- 기타 ☐

✏ 그 드라마를 좋아하는 이유는 무엇인가요?

4. 좋아하는 한국 드라마에 대해 친구들에게 이야기해 주세요.

5. 트로트

✐ 트로트를 들어본 적이 있습니까? 들었을 때 어떤 느낌이 듭니까?

한국 트로트의 매력 속으로

팽틈(중국)

"야~야~야~♪ 내 나이가 어때서~~♬"

여러분, 안녕하세요. 저는 중국에서 온 팽틈이라고 합니다. 혹시 여러분은 제가 방금 부른 노래를 들어본 적이 있나요? 이 노래는 제가 제일 좋아하는 트로트입니다. 한국 사람들은 일할 때, 쉴 때, 놀 때 트로트와 함께 하며 트로트를 사랑합니다. 저는 트로트를 처음 들었던 그 순간부터 트로트의 매력에 빠지게 되었어요. 지금부터 제가 왜 트로트를 좋아하게 되었는지 말씀드리고자 합니다.

저의 첫 번째 트로트는 중국에서 대학교에 다닐 때 한국 문화 수업 시간에 들은 '어머나'라는 노래였습니다. 친구들은 한국의 아이돌 음악이 아니라고 싫어했지만, 저는 맑고 그윽한 리듬에 가사도 쉽고 감정도 잘 전달되는 트로트가 참 좋았습니다. 그리고 "어머나, 어머나, 이러지 마세요~" 하면서 콧소리를 내는 선생님이 너무 사랑스럽고 귀여운 거예요. 사실 중국 북방 지역의 여자들은 대부분 힘이 세고 애교가 있기는커녕 남자 같은 성격이거든요. 그런데 선생님처럼 트로트를 부르면 저도 여성스러워 보일 것 같았어요. 그날부터 저는 계속 '어머나, 어머나, 이러지 마세요' 가사를 흥얼거리며 다녔습니다. 하지만 제 친구들 중에는 트로트를 좋아하는 사람이 없어서 혼자서 좋아할 수밖에 없었습니다. 그러다가 작년 3월에 한국에 온 후에야 마음껏 트로트를 좋아할 수 있게 되었어요.

저는 작년 3월에 한국에 와서 한국어교육원에서 한국어를 공부했습니다. 그리고 8월에 수료식을 하게 됐습니다. 그때 반마다 장기자랑을 준비해야 했는데 우리는 뭘 해야 할지 몰라서 고민하고 있었어요. 그때 선생님들께서 트로트 음악에 맞추어 다 같이 춤을 추는 걸 하면 어떨까 하셨고, 우리는 다 좋다고 했습니다. 저는 내심 제가 좋아하는 트로트 음악을 듣는다는 것이 참 좋았습니다. 마침 선택된 노래도 제 마음에 쏙 드는 노래였어요. 처음에는 다들 부끄러워했는데, 우리를 위해 같이 남아서 연습해 주고 챙겨 주시는 선생님을 보면서 정말 열심히 연습했습니다. 드디어 수료식 날, 우리 차례가 되었습니다. 음악이 나오자마자 사람들이 다 박수를 치면서 일어나기도 하고 리듬에 몸을 맡기는 모습을 보니, 기분이 참 좋았어요. 선생님과 친구들이 밝은 얼굴로 박수를 치며 응원해 주는 걸 보고 '아~이게 바로 트로트의 힘이고, 매력이구나'라는 생각을 했습니다.

제 생각에는 한국을 대표할 수 있는 것들이 정말 많지만, "트로트야말로 한국의 대표적인 문화"라고 말하고 싶어요. 한국인의 흥과 멋이 고스란히 들어 있고, 그것을 지키며 즐기는 한국인들이 바로 한국문화니까요. 여러분, 어때요? 저의 이야기를 통해 트로트에 대한 관심이 생겼나요? 마지막으로 여러분의 손 좀 빌려 줄 수 있나요? 저와 같이 한번 트로트의 매력에 빠져 보세요. 자, 하나, 둘, 셋~

"야~야~야~ ♪ 내 나이가 어때서, (중략) 세월아 비켜라, 내 나이가 어때서, 사랑하기 딱 좋은 나인데, 사랑하기 딱 좋은 나인데~ ♫"

※ 이 글은 중국 유학생이 직접 쓴 글입니다.

✐ 한국의 대중문화 중 다른 사람에게 소개하고 싶은 문화를 찾아서 발표해 봅시다.

생각하며 쓰기

1. 대중문화란 무엇인지 적어 보세요.

2. 대중문화의 특징은 어떤 것들이 있는지 적어보세요.

3. 한국과 여러분 나라의 대중문화를 비교해 보세요.

구분	한국	
특징		
다른 점		

4. 대중문화 중 한 가지를 골라 한국과 비교하는 글을 써 보세요.

★ 오늘 수업 한 줄 소감 ★

Chapter 7 여가 문화

학습목표

여가 시간, 주말에 하는 일, 아르바이트 등에 관한 이야기를 할 수 있고 한국과 다른 나라의 여가문화를 비교하여 그 차이를 이해할 수 있다.

생각하며 말하기

여가 생활과 취미

한국인의 여가 시간이 증가하고 문화예술행사 관람률 등이 증가해 워라벨, 즉 일과 삶의 균형이 개선되는 것으로 나타났다.

지난해 한국인의 여가 시간은 평일 3.5시간, 휴일 5.4시간으로 2016년 대비 평일과 휴일 각 0.4시간이 증가했다. 연차 휴가 사용일 수는 2018년 연간 근로자가 9.9일로, 2017년 대비 1.4일이 증가했다. 또한 월 100만 원 미만 저소득층의 문화예술관람률도 51.7%로 2016년 대비 20.8포인트 증가했다.

주로 하는 여가 활동으로는 여전히 TV 시청이 71.4%로 가장 높았으나 매년 소폭 감소 추세이다. 여가활동을 혼자서 하는 비율은 54.3%로 2016년 59.8%에서 점차 감소하고 가족과 함께 하는 비율이 35.5%로 2016년 대비 5.8포인트 증가했다.

✐ 여러 분의 취미는 뭐예요? 왜 그런 취미를 갖게 되었어요?

✐ 시간이 있을 때 뭐 해요? 여가 생활을 어떻게 보내는지 친구와 이야기해 볼까요?

✐ 여러분 나라에서 사람들은 여가 생활을 어떻게 보내요? 그 이유는 무엇인가요?

펜데믹 이후 한국인의 여가 생활

올해 코로나19 바이러스가 대유행하는 상황에서 국민들의 하루 평균 여가가 평일은 20분, 휴일은 3시간 이상 늘어난 것으로 파악됐다. 코로나 감염사태 영향으로 혼자서 하는 비대면 여가 활동의 비중도 커진 것으로 나타났다.

문화체육관광부와 한국문화관광연구원은 이런 내용을 담은 2020년 국민 여가활동과 문화예술활동에 대한 조사 결과를 29일 발표했다. 조사 내용을 보면, 하루 평균 여가는 평일 3.7시간, 휴일 5.6시간으로, 지난해보다 평일 0.2시간, 휴일은 3.7시간 늘어났다. 세부 여가활동으로는 '텔레비전 시청'(67.6%)에 이어 '산책 및 걷기'가 지난해 19년 4위(32.1%)에서 2위(41.3%)로 뛰었다. '모바일 콘텐츠, 동영상, 다시 보기(VOD) 시청'도 19년 7위(20.8%)에서 20년 5위(32.6%)로 증가했다. '산책 및 걷기'는 가장 만족한 여가활동(23.5%)으로도 꼽혔다.

혼자서 하는 여가활동은 지난해 54.3%에서 올해 60.0%로 눈에 띄게 늘었다. 세부 내용을 보면, 텔레비전 시청'(27.5%)', '인터넷 검색/1인 미디어 제작/누리소통망(SNS)'(14.6%), '모바일 콘텐츠, 동영상, 다시 보기(VOD) 시청'(10.8%) 등의 차례였다. 가족, 친구 등과 하는 여가 활동은 주로 '텔레비전 시청'(52.8%)', '산책 및 걷기'(6.7%) 등으로 나타났다.

여가 시간 추이

(단위: 시간, 천원)

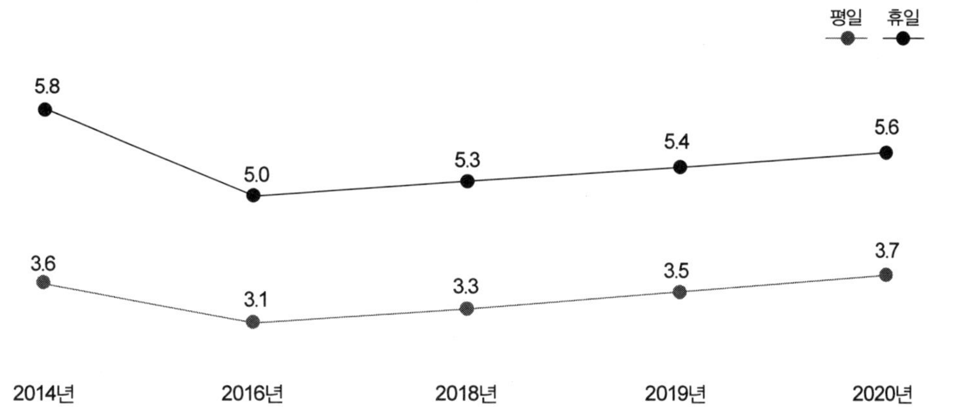

여가 비용 추이

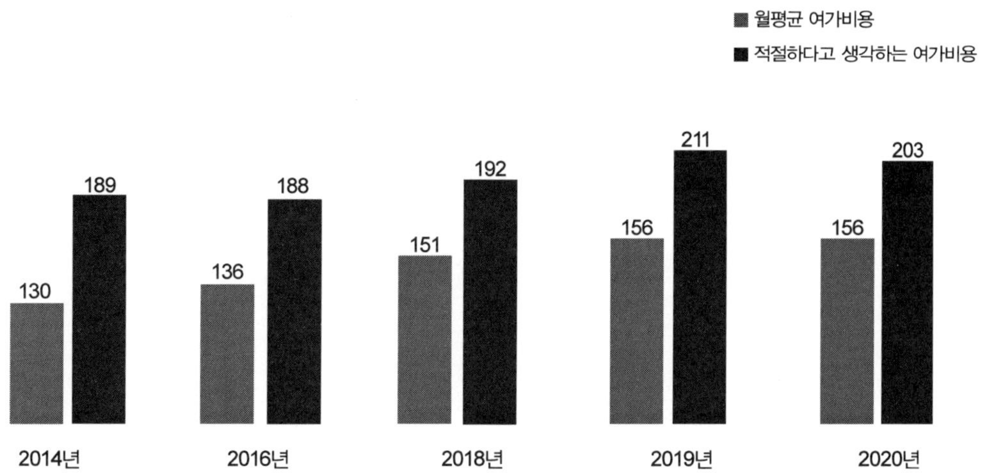

✐ 펜데믹 이전과 이후의 여가생활은 어떻게 달라졌나요?

✐ 다음 그래프를 보고 '한국인의 여가활동'에 대한 글을 쓰십시오.

- 조사기관: 문화체육관광부
- 조사기간: 1월~12월
- 조사대상: 대한민국 성인 10,000명

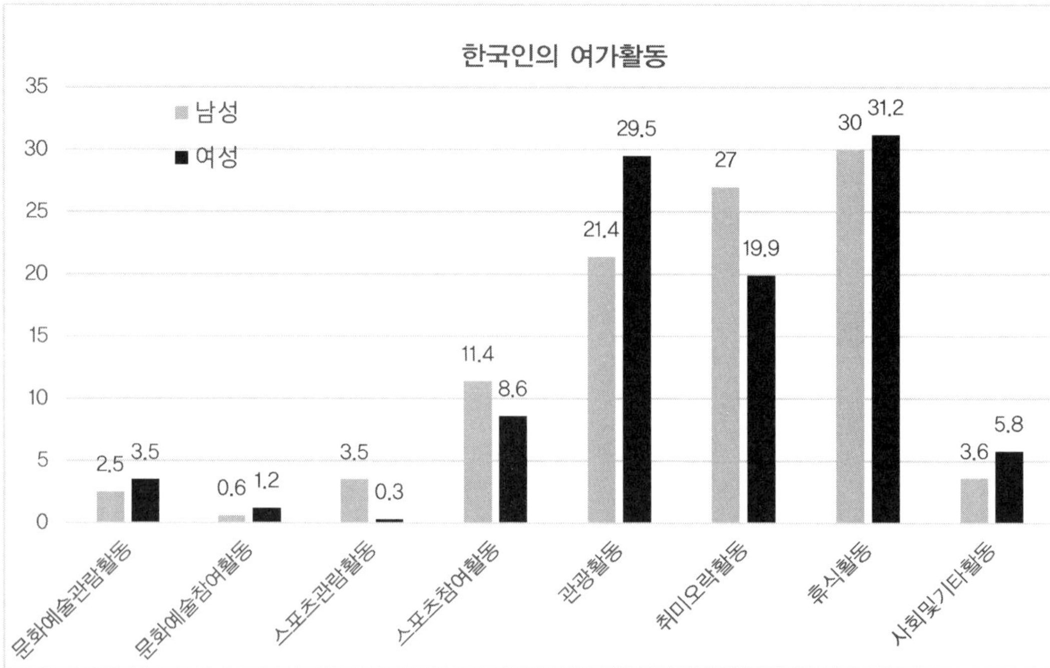

생각하며 쓰기

1. 여가 시간에 내가 하는 일들을 자유롭게 적어봅시다.

2. "나만의 여가시간 활용법"이라는 제목으로 글을 써 보세요.

★ 오늘 수업 한 줄 소감 ★

Chapter 8 직업 문화

학습목표

한국의 직업, 유망직업, 희망 직업 등에 관한 이야기를 할 수 있고 다른 나라의 직업문화를 알아보고 그 차이를 이해할 수 있다.

생각하며 말하기

1. 직업 패러다임의 변화

사회적 변화에 따라 직업을 바라보는 우리의 인식도 변화하기 시작하였다. 현재 우리 사회의 직업들이 다가오는 미래에는 어떤 형태로 변화하는지 흐름을 파악하여 그 흐름 속에서 직업을 바라보는 우리의 인식과 태도도 바꾸어야 한다.

첫째, 평생직장에서 평생직업으로 인식
둘째, 삶의 질을 중요하게 생각하는 직업
셋째, 창의성을 적용하는 직업

✐ 현재의 직업 중 곧 사라지게 될 직업과 그 이유에 대해 생각해 보세요.

사라질 직업	이유

✐ 사회변화에 따라 앞으로 생겨날 직업과 그 이유에 대해 생각해 보고 친구와 함께 이야기 해 보세요.

생겨날 직업	이유

✐ 유망직종 Top10과 그 특징을 찾아보세요.

순위	직업	특징
1		
2		
3		
4		
5		
6		
7		
8		
9		
10		

2. 취업난

어렵고 힘든 청년 취업

사회에서 경험과 경력을 쌓아야 할 20대 초중반 사회 새내기들이 경력직을 선호하는 기업들의 채용 방식과 코로나19 및 경제 불황 등으로 줄어든 일자리 앞에 자신의 설 자리를 찾기 위해 치열한 경쟁을 이어가야 하는 까닭이다.

스펙 쌓기나 자기소개서에 한 줄을 더 올리기 위한 대외활동, 어학연수 경험 등은 이 시대를 살아가는 청년들에게 너무나 자연스러운 과정이 됐다.

그러나 이런 치열한 경쟁 끝에 입사에 성공한 청년층이 고작 1년 6개월이라는 짧은 시간 안에 첫 직장을 퇴사하는 것으로 나타났다. 일반적으로 이직 시 경력을 인정받는 기간은 통상 3년 이상의 근속 경력을 요구하는데, 그에 절반에도 미치지 못하고 회사를 등지고 마는 것이다. 일각에서는 이와 같은 현상이 현 청년 세대의 요구에 부응하지 못하는 관료적인 기업 문화, 대기업과 비교했을 때 너무나 열악한 복지환경 등에서 기인하고 있다고 지적한다.

양질의 일자리가 제공되지 못할 경우 경력을 쌓지 못하고 단기 근무, 아르바이트 등으로 경제활동을 이어가는 이들이 증가할 것이라는 우려도 내놓았다.

✐ 취업난, 청년실업에 대해 자신의 생각을 이야기해 보세요.

✐ 한국과 여러분 나라의 차이점이 있나요?

생각하며 쓰기

1. 졸업 후 나의 진로에 대해 간단하게 써 봅시다. (진로분야, 진로 선택 이유, 진로설계를 위한 구체적인 계획 등)

2. SWOT 분석이란 무엇인가?

강점(strength), 약점(weakness), 기회(opportunity), 위기(threat)의 앞글자를 따서 SWOT 분석이라 부른다.

기업의 강점과 약점, 환경적 기회와 위기를 열거하여 효과적인 기업 경영전략을 수립하기 위한 분석방법이다. 간단하지만 분석에 빈틈이 없어, 학생들의 프레젠테이션에서부터 경영학 관련 서적에 이르기까지 자주 볼 수 있다. 사실 형식 자체는 간단하지만 빈틈없이 제대로 하려면 엄청난 시간과 노력을 필요로 한다. 현황을 정확히 진단해야 하는 작업이기 때문에 오만가지 자료들을 추려내서 분석한 뒤에 결론을 도출해내야 하기 때문이다.

다음은 한국의 유명한 방송인 유재석 씨의 SWOT 분석표입니다. 참고하시고 본인 특성에 대한 SWOT 분석을 한 번 해 봅시다.

MC 유의 SWOT 분석표

Strength(장점) : '조화(調和)로움'

- 성실함, 겸손함
- '안티' 없이 친근한 이미지
- 빠른 상황 판단력
- 주변의 부산함을 정리하는 힘

Weakness(약점) : 약한 색깔

- 경쟁자 K의 강세
- 리얼리티 프로그램의 퇴조
- '놀러와' '패떴' 시청률 저조
- 프로그램 포트폴리오 단조로움

S W
O T

Opportunity(기회) : 철저한 관리

- 끊임없는 자기 관리로 인한 탄탄한 인맥
- 방송계 내외 안티 없음
- 정극 희극 토코쇼 등 영역확장 가능
- 꾸준히 이어온 1등 브랜드

Threat(위기) : 지겨움

- 단일하게 고정된 이미지
- 변신 어려운 1등의 한계
- 소속사-방송사 갈등
- 대중 흡입력 상대적 약화

✐ 나의 SWOT분석

강점	약점
기회	위기

★ 오늘 수업 한 줄 소감 ★

Chapter 9 자유주제 1

학습목표

생각하며 말하기

문제 제기 :

내용 :

결론 또는 해결방법 :

생각하며 쓰기

★ 오늘 수업 한 줄 소감 ★

Chapter **10**

자유주제 2

학습목표

생각하며 말하기

문제 제기 :

내용 :

결론 또는 해결방법 :

생각하며 쓰기

★ 오늘 수업 한 줄 소감 ★

Chapter 11 자유주제 3

학습목표

생각하며 말하기

문제 제기 :

내용 :

결론 또는 해결방법 :

생각하며 쓰기

★ 오늘 수업 한 줄 소감 ★

Chapter 12

자유주제 4

학습목표

생각하며 말하기

문제 제기 :

내용 :

결론 또는 해결방법 :

생각하며 쓰기

★ 오늘 수업 한 줄 소감 ★

이길연 (LI JILIAN)

부산외국어대학교 중국어중국학과 박사졸업
부산외국어대학교 외국어로서의 한국어교육과 박사수료
現 창신대학교 중국비즈니스학과 교수
국제교류원장, 의사소통교육센터장

윤지원 (YOON JIWON)

배재대학교 한국어교육학과 박사졸업
現 창신대학교 한국어교육과 교수
한국어교육과 학과장, 교무부처장, 한국어교육원장

이명애 (LEE MYEONGAE)

경성대학교 중어중문학과 박사졸업
現 창신대학교 중국비즈니스학과 교수
한국어교육원 운영위원

셀익잔 (JIYNBAI SYERIKJAN)

창원대학교 행정학과 박사수료
現 창신대학교 소방방재공학과 교수
국제교류원 유학생지원센터장

Tandem으로 즐기는

글로벌 문화 커뮤니케이션

초판 1쇄 발행 _ 2021년 8월 31일

저　　자 • 이길연 · 윤지원 · 이명애 · 셀익잔
발 행 인 • 정 현 걸
발　　행 • 신 아 사
인　　쇄 • 대명프린팅
출판등록 • 1956년 1월 5일 (제9–52호)
주　　소 • 서울특별시 은평구 통일로 59길 4
전　　화 • 02) 382–6411 • 팩스 02) 382–6401
홈페이지 • www.shinasa.co.kr
E - MAIL • shinasa@daum.net

ISBN 979–11–91158–14–4 (93720)

정가 11,000원